30 Recetas Veganas Para Niños Gluten Free

Recetas Veganas - Cocina vegana, Volume 2

BDM

Published by BDM, 2023.

While every precaution has been taken in the preparation of this book, the publisher assumes no responsibility for errors or omissions, or for damages resulting from the use of the information contained herein.

30 RECETAS VEGANAS PARA NIÑOS GLUTEN FREE

First edition. October 27, 2023.

Copyright © 2023 BDM.

ISBN: 979-8227262868

Written by BDM.

Also by BDM

Recetas Veganas - Cocina vegana
Cocina vegana - 30 Recetas de postres venganos
30 Recetas Veganas Para Niños Gluten Free

Vegan Cookbook - Vegan recipes
Vegan Recipes Cookbook - 30 Vegan Desserts
30 Vegan Recipes for Kids Gluten Free

Standalone
Poemas al Universo: Abrazando el flujo universal
Poems To The Universe: Embracing The Universal Flow

30 RECETAS
VEGANAS
PARA NIÑOS

GLUTEN FREE

Bienvenidos a un mundo de sabor, diversión y nutrición diseñado especialmente para los pequeños gourmets de la casa. Este libro, "Recetas Veganas Sin Gluten para Niños," es una puerta de entrada a una cocina que combina la bondad de los alimentos veganos con la amigabilidad de las recetas sin gluten, todo ello pensado con cariño para satisfacer los paladares más exigentes: los de nuestros niños.

En un mundo en constante evolución, muchos padres se encuentran buscando opciones de alimentación más saludables y éticas para sus hijos. La dieta vegana, que excluye todos los productos de origen animal, se ha convertido en una elección cada vez más popular. Al mismo tiempo, la sensibilidad o intolerancia al gluten es una preocupación común, y la necesidad de recetas sin gluten es esencial.

En este libro, hemos unido estas dos necesidades en un compendio de 30 recetas que combinan la maravilla de los sabores y la promesa de una alimentación saludable y equilibrada. Nuestro objetivo es demostrar que la cocina vegana sin gluten puede ser emocionante, deliciosa y nutritiva.

Cada receta ha sido cuidadosamente seleccionada para cautivar la imaginación de los más pequeños y para garantizar que sus papilas gustativas se deleiten con cada bocado. Desde mini hamburguesas de garbanzos hasta galletas de avena sin gluten y papas fritas al horno, estos platos han sido diseñados pensando en los niños, pero son lo suficientemente deliciosos para agradar a toda la familia.

Además de las recetas, encontrarás consejos útiles sobre cómo introducir la alimentación vegana y sin gluten en la vida de tus hijos, así como información nutricional para garantizar que estén obteniendo todos los nutrientes que necesitan para crecer fuertes y saludables.

Así que, padres y cuidadores, únanse a nosotros en este viaje culinario. Juntos, exploraremos un mundo de sabores, texturas y colores que despertarán la imaginación y el paladar de los pequeños gourmets. ¡Es hora de cocinar, aprender y, sobre todo, disfrutar!

Prepárense para descubrir la magia de la cocina vegana sin gluten para niños. ¡Comencemos este viaje juntos!

Educación y Comunicación:
Mini Hamburguesas Veganas de Garbanzos
Macarrones con Queso Vegano (Sin Lácteos)
Nuggets de Pollo Veganos (a base de plantas)
Mini Pizzas Veganas Sin Gluten
Tacos Veganos con "Carne" de Lentejas
Sopa de Tomate Vegana con Grilled Cheese
Papas Fritas al Horno con Dip de Guisantes
Tostadas Francesas Veganas (Sin Huevos ni Lácteos)
Hot Dogs Veganos con Salsa de Mostaza y Ketchup
Palitos de Zanahoria con Hummus
Mini Tortitas de Patata Veganas
Sándwiches de Mantequilla de Maní y Plátano
Mini Burritos Veganos de Frijoles y Arroz
Nuggets de Tofu Crujientes
Ensalada de Frutas con Salsa de Chocolate Vegano
Espaguetis de Calabacín con Albóndigas Veganas
Panecillos de Plátano Veganos
Mini Empanadas Veganas de Espinacas
Rollitos de Sushi Veganos
Galletas de Avena y Pasas Sin Gluten
Nuggets de Coliflor al Horno
Batidos de Frutas y Espinacas
Panqueques de Avena Sin Gluten con Jarabe de Arce
Bolitas de Energía de Chocolate y Almendras
Mini Quesadillas Veganas de Verduras
Mini Tortitas de Brócoli y Zanahoria
Barritas de Cereal Veganas Sin Gluten
Mini Samosas Veganas de Patata
Helado de Plátano y Fresa (Sin Lácteos)
Galletas de Chocolate Veganas con Chips de Chocolate

Educación y Comunicación:

- Comienza por hablar con tu hijo sobre la elección de una dieta vegana. Explícale por qué has decidido hacer este cambio y enfatiza los aspectos positivos, como el bienestar de los animales y la salud.

- Utiliza un lenguaje adaptado a la edad del niño para explicar conceptos como "vegano" y "alimentos de origen animal."

2. Involucra al Niño:

- Invita a tu hijo a participar en la selección de recetas y en la preparación de comidas. Esto puede ser una actividad divertida y educativa que fomente su interés por la cocina vegana.

- Visita juntos mercados de agricultores locales y tiendas de alimentos saludables para explorar ingredientes veganos y aprender sobre su origen.

3. Diversidad de Alimentos:

- Asegúrate de que la dieta de tu hijo sea equilibrada y variada. Incluye una amplia gama de frutas, verduras, legumbres, granos enteros, nueces y semillas.

- Introduce gradualmente nuevos alimentos y recetas para mantener su interés y evitar la monotonía en la dieta.

4. Convierte los Platos Favoritos:

- Adapta los platos favoritos de tu hijo para que sean veganos. Por ejemplo, prepara macarrones con queso vegano, hamburguesas de garbanzos o pizza sin queso de origen animal.

- Haz que la transición sea gradual, reemplazando ingredientes de origen animal con alternativas vegetales.

5. Mantén un Entorno Vegano:

- Haz que tu hogar sea un entorno vegano, eliminando gradualmente los productos de origen animal y reemplazándolos con opciones veganas.

- Asegúrate de que los alimentos no veganos estén fuera del alcance del niño para evitar la tentación.

6. Sea un Ejemplo:

- Modela hábitos alimenticios veganos saludables siendo un ejemplo para tu hijo. Come alimentos veganos nutritivos y muestra entusiasmo por la comida vegana.

7. Enseña Empatía:

- Habla con tu hijo sobre la importancia de tratar a los animales con bondad y respeto, lo que puede ayudar a fomentar la empatía hacia los seres vivos.

- Explícale cómo una dieta vegana contribuye a la protección de los animales y el medio ambiente.

8. Apoyo Social:

- Busca grupos o comunidades veganas locales o en línea donde tu hijo pueda conectarse con otros niños que sigan una dieta similar. Esto puede ayudar a reducir cualquier sensación de aislamiento.

9. Consulta a un Profesional de la Salud:

- Antes de realizar cambios importantes en la dieta de tu hijo, consulta a un pediatra o dietista registrado para asegurarte de que estén recibiendo todos los nutrientes necesarios para un crecimiento saludable.

Recuerda que la introducción de una dieta vegana en la vida de un niño debe ser un proceso gradual y positivo. La comunicación abierta, la educación y el apoyo son clave para ayudar a tu hijo a adaptarse y disfrutar de una alimentación vegana saludable.

Mini Hamburguesas Veganas de Garbanzos

Ingredientes:
- 1 lata (400 g) de garbanzos cocidos, escurridos y enjuagados
- 1/2 cebolla roja, picada finamente
- 2 dientes de ajo, picados
- 1 zanahoria, rallada
- 1/2 taza de copos de avena sin gluten
- 1 cucharadita de comino en polvo
- 1 cucharadita de pimentón ahumado
- 1/2 cucharadita de cilantro en polvo
- Sal y pimienta al gusto
- Aceite de oliva para cocinar
- Panecillos de hamburguesa sin gluten
- Hojas de lechuga, rodajas de tomate y aguacate para acompañar

Instrucciones:

1. Enjuaga y escurre los garbanzos y colócalos en un procesador de alimentos junto con la cebolla, el ajo, la zanahoria rallada, los copos de avena, el comino, el pimentón ahumado, el cilantro, la sal y la pimienta.

2. Procesa la mezcla hasta obtener una masa homogénea. Si es necesario, puedes agregar un poco de agua para facilitar el procesamiento.

3. Divide la masa en porciones y forma pequeñas hamburguesas del tamaño de mini hamburguesas.

4. Calienta una sartén antiadherente con un poco de aceite de oliva a fuego medio-alto.

5. Cocina las mini hamburguesas veganas de garbanzos durante aproximadamente 4-5 minutos por cada lado, o hasta que estén doradas y crujientes.

6. Sirve las hamburguesas en panecillos sin gluten, acompañadas de hojas de lechuga, rodajas de tomate, aguacate y cualquier otro condimento que desees.

Consejos de Cocina:

- Asegúrate de que la masa esté lo suficientemente compacta para que las hamburguesas mantengan su forma al cocinarlas.

- Puedes refrigerar la masa durante unos 30 minutos antes de formar las hamburguesas para que sea más fácil de manejar.

- Si prefieres, también puedes hornear las hamburguesas a 180°C durante 20-25 minutos en lugar de cocinarlas en la sartén.

Consejos para Niños:

- ¡Deja que los niños te ayuden a formar las hamburguesas! Les encantará participar en la cocina.

- Anímales a personalizar sus hamburguesas con sus ingredientes favoritos, como aguacate, ketchup, mostaza o pepinillos.

Contenido Nutricional (por hamburguesa, sin incluir el pan ni los condimentos):

- Calorías: Aproximadamente 100-120 kcal

- Proteínas: Aproximadamente 4-5 g

- Fibra: Aproximadamente 4-5 g
- Grasa: Aproximadamente 2-3 g
- Carbohidratos: Aproximadamente 16-18 g

Estas mini hamburguesas veganas de garbanzos son una opción deliciosa y nutritiva para los niños y adultos por igual. Son ricas en proteínas y fibra, lo que las convierte en una excelente alternativa a las hamburguesas tradicionales. ¡Disfruta de esta comida sabrosa y saludable!

Macarrones con Queso Vegano (Sin Lácteos)

Ingredientes:

- 2 tazas de macarrones sin gluten (puedes usar otra pasta sin gluten si lo prefieres)
- 2 zanahorias medianas, peladas y picadas en trozos
- 1 patata mediana, pelada y picada en trozos
- 1/2 taza de anacardos crudos
- 1/4 de taza de levadura nutricional
- 2 cucharadas de aceite de oliva
- 2 dientes de ajo, picados
- 1 cucharadita de mostaza de Dijon
- 1 cucharadita de vinagre de sidra de manzana
- Sal y pimienta al gusto

Instrucciones:

1. Cocina los macarrones según las instrucciones del paquete en agua con sal hasta que estén al dente. Luego, escúrrelos y resérvalos.

2. En una cacerola grande, hierve las zanahorias y las patatas hasta que estén tiernas. Esto tomará aproximadamente 10-15 minutos.

3. Mientras las zanahorias y las patatas se cocinan, coloca los anacardos en una taza con agua hirviendo durante unos 10 minutos para ablandarlos.

4. Escurre los anacardos y colócalos en una licuadora de alta potencia junto con las zanahorias cocidas, las patatas, la levadura nutricional, el aceite de oliva, el ajo picado, la mostaza de Dijon y el vinagre de sidra de manzana.

5. Procesa la mezcla hasta que quede suave y cremosa. Si es necesario, agrega un poco de agua para lograr la textura deseada.

6. Vierte la salsa de queso vegano sobre los macarrones cocidos y mezcla bien.

7. Calienta la pasta a fuego medio durante unos minutos hasta que la salsa esté bien caliente. Agrega sal y pimienta al gusto.

8. Sirve los macarrones con queso vegano caliente y disfruta.

Consejos de Cocina:

- Puedes ajustar la consistencia de la salsa agregando más agua si deseas una textura más líquida o más anacardos para un sabor más intenso.

- Para un toque extra de sabor, puedes añadir cebolla en polvo, cúrcuma o pimiento rojo en polvo a la salsa de queso vegano.

Consejos para Niños:

- Invita a los niños a ayudar en la cocina, especialmente al mezclar la salsa y los macarrones.

- Decora los macarrones con queso con un poco de perejil picado o trozos de tomate cherry para hacerlos más atractivos para los niños.

Contenido Nutricional (por porción):

- Calorías: Aproximadamente 350-400 kcal

- Proteínas: Aproximadamente 10-12 g

- Fibra: Aproximadamente 5-6 g
- Grasa: Aproximadamente 15-18 g
- Carbohidratos: Aproximadamente 45-50 g

Estos macarrones con queso vegano son una opción deliciosa y sin lácteos para niños y adultos. Son ricos en proteínas y fibra, lo que los convierte en un plato reconfortante y nutritivo. ¡Disfruta de esta versión vegana y saludable de un clásico favorito!

Nuggets de Pollo Veganos (a base de plantas)

Ingredientes:
- 1 taza de proteína de soja texturizada (TVP)
- 1 taza de agua caliente
- 1/2 taza de pan rallado (asegúrate de que sea sin gluten si lo necesitas)
- 1/4 de taza de harina de garbanzo
- 1 cucharadita de ajo en polvo
- 1 cucharadita de cebolla en polvo
- 1/2 cucharadita de pimentón
- 1/2 cucharadita de tomillo seco
- Sal y pimienta al gusto
- Aceite vegetal para freír

Instrucciones:

1. En un tazón grande, coloca la proteína de soja texturizada (TVP) y vierte el agua caliente sobre ella. Cubre y deja reposar durante unos 10 minutos, o hasta que la TVP esté hidratada.

2. Escurre cualquier exceso de agua de la TVP hidratada.

3. Agrega el pan rallado, la harina de garbanzo, el ajo en polvo, la cebolla en polvo, el pimentón, el tomillo, la sal y la pimienta a la TVP hidratada. Mezcla bien hasta obtener una masa uniforme.

4. Forma pequeñas porciones de la masa en forma de nuggets.

5. Calienta una sartén con aceite vegetal a fuego medio-alto.

6. Fría los nuggets de pollo veganos en el aceite caliente hasta que estén dorados y crujientes por ambos lados, aproximadamente 3-4 minutos por lado.

7. Escurre los nuggets en papel absorbente para eliminar el exceso de aceite.

Consejos de Cocina:

- Puedes ajustar las especias y hierbas según tus preferencias personales. Añadir un toque de cayena o pimienta negra molida puede darles un poco de picante si te gusta.

Consejos para Niños:

- ¡Haz que los niños participen en la preparación! Dejar que ayuden a dar forma a los nuggets puede ser divertido y educativo.

- Sirve los nuggets con una variedad de salsas veganas para mojar, como ketchup, mostaza vegana, o una salsa de yogur de coco.

Contenido Nutricional (por porción, aproximado):

- Calorías: Aproximadamente 80-100 kcal por nugget (dependiendo del tamaño)

- Proteínas: Aproximadamente 7-9 g por nugget

- Fibra: Aproximadamente 2-3 g por nugget

- Grasa: Aproximadamente 2-3 g por nugget

- Carbohidratos: Aproximadamente 8-10 g por nugget

Estos Nuggets de Pollo Veganos a base de plantas son una alternativa deliciosa y nutritiva a los nuggets de pollo tradicionales. Son ricos en proteínas y bajos en grasas saturadas, lo que los convierte en una opción más saludable. ¡Esperamos que disfrutes de esta receta vegana!

Mini Pizzas Veganas Sin Gluten

Ingredientes para la Masa:
- 1 taza de harina de almendras
- 1/4 de taza de harina de coco
- 2 cucharadas de harina de linaza
- 1 cucharadita de levadura en polvo (sin gluten)
- 1/2 cucharadita de sal
- 1/2 taza de agua
- 2 cucharadas de aceite de oliva

Ingredientes para la Cobertura:
- Salsa de tomate sin gluten
- Vegetales picados (como tomate, champiñones, pimientos, espinacas, etc.)
- Queso vegano sin gluten (opcional)
- Orégano y otras hierbas secas para sazonar

Instrucciones:

1. Precalienta el horno a 180°C (350°F) y coloca papel pergamino en una bandeja para hornear.

2. En un tazón grande, mezcla la harina de almendras, la harina de coco, la harina de linaza, la levadura en polvo y la sal.

3. Agrega el agua y el aceite de oliva a la mezcla de harina y revuelve bien hasta formar una masa homogénea.

4. Divide la masa en pequeñas porciones y forma discos finos en la bandeja para hornear preparada. Esto será la base de las mini pizzas.

5. Hornea las bases de pizza durante unos 10-12 minutos, o hasta que estén ligeramente doradas.

6. Saca las bases de pizza del horno y déjalas enfriar durante unos minutos.

7. Una vez que las bases estén listas, extiende una capa de salsa de tomate sin gluten sobre cada una.

8. Agrega los vegetales picados y, si lo deseas, el queso vegano sin gluten.

9. Espolvorea con orégano y otras hierbas secas a tu gusto.

10. Vuelve a hornear las mini pizzas en el horno durante otros 10-12 minutos, o hasta que los ingredientes estén bien cocidos y el queso vegano se derrita (si lo usas).

Consejos de Cocina:

- Asegúrate de usar harina de almendras, harina de coco y levadura en polvo sin gluten si deseas que la receta sea completamente sin gluten.

- Puedes personalizar las mini pizzas con tus ingredientes favoritos, como aceitunas, cebolla roja, jalapeños, etc.

Consejos para Niños:

- Deja que los niños ayuden a preparar sus propias mini pizzas. Esto puede ser divertido y les permite elegir sus ingredientes favoritos.

- Las mini pizzas son perfectas para fiestas infantiles o como merienda después de la escuela.

Contenido Nutricional (por mini pizza, aproximado):

- Calorías: Aproximadamente 100-120 kcal

- Proteínas: Aproximadamente 3-4 g

- Fibra: Aproximadamente 2-3 g

- Grasa: Aproximadamente 7-8 g

- Carbohidratos: Aproximadamente 7-8 g

Estas Mini Pizzas Veganas Sin Gluten son una opción deliciosa y saludable para niños y adultos por igual. Son ricas en proteínas y fibra, y la masa está hecha con harina de almendras y harina de coco, lo que las hace aptas para personas que siguen una dieta sin gluten. ¡Disfruta de estas mini pizzas como una merienda deliciosa y sin preocupaciones!

Tacos Veganos con "Carne" de Lentejas

Ingredientes para la "Carne" de Lentejas:
- 1 taza de lentejas secas (verdes o marrones), enjuagadas y escurridas
- 3 tazas de agua
- 1 cucharada de aceite de oliva
- 1 cebolla picada
- 2 dientes de ajo picados
- 1 zanahoria grande, pelada y picada en cubos pequeños
- 1 cucharadita de comino en polvo
- 1 cucharadita de paprika ahumada
- 1/2 cucharadita de chile en polvo (ajusta al nivel de picante deseado)
- Sal y pimienta al gusto
- 1 lata (400 g) de tomates triturados (sin sal añadida)
- 1/2 taza de caldo vegetal
- Jugo de 1 limón

Ingredientes para los Tacos:
- Tortillas de maíz o tortillas de trigo (asegúrate de que sean veganas y sin gluten si es necesario)
- Lechuga picada
- Tomates en cubos
- Cebolla morada en rodajas finas
- Aguacate en rodajas
- Salsa picante (opcional)
- Cilantro fresco picado (opcional)

Instrucciones:

1. Enjuaga las lentejas y cuécelas en 3 tazas de agua hirviendo durante aproximadamente 20-25 minutos, o hasta que estén tiernas pero no deshechas. Luego, escúrrelas y reserva.

2. En una sartén grande, calienta el aceite de oliva a fuego medio. Agrega la cebolla y el ajo picados, y saltea hasta que estén dorados.

3. Agrega la zanahoria picada a la sartén y cocina por unos minutos hasta que se ablande.

4. Añade las lentejas cocidas, el comino en polvo, la paprika ahumada, el chile en polvo, la sal y la pimienta a la sartén. Cocina por unos minutos para que los sabores se mezclen.

5. Vierte los tomates triturados y el caldo vegetal en la sartén, y mezcla bien. Cocina a fuego medio durante unos 10-15 minutos, o hasta que la mezcla espese y se cocine adecuadamente.

6. Agrega el jugo de limón y revuelve. Ajusta el sazón si es necesario.

7. Calienta las tortillas según las instrucciones del paquete.

8. Rellena las tortillas con la "carne" de lentejas y agrega lechuga, tomates, cebolla morada, aguacate, salsa picante y cilantro fresco, según tus preferencias.

9. ¡Sirve los tacos veganos con "carne" de lentejas y disfruta!

Consejos de Cocina:

- Si prefieres una consistencia más suave para la "carne" de lentejas, puedes usar una licuadora de inmersión para triturar parcialmente la mezcla.

Consejos para Niños:

- Deja que los niños ayuden a armar sus propios tacos. Les encantará elegir sus ingredientes favoritos y personalizar sus tacos.

Contenido Nutricional (por porción, aproximado):

- Calorías: Aproximadamente 250-300 kcal (sin contar las tortillas)
- Proteínas: Aproximadamente 12-15 g
- Fibra: Aproximadamente 8-10 g
- Grasa: Aproximadamente 5-7 g
- Carbohidratos: Aproximadamente 40-45 g

Estos Tacos Veganos con "Carne" de Lentejas son una opción deliciosa y saludable. Son ricos en proteínas y fibra, y las lentejas aportan una buena cantidad de hierro y otros nutrientes esenciales. ¡Esperamos que disfrutes de esta receta vegana en tus comidas!

Sopa de Tomate Vegana con Grilled Cheese

Ingredientes para la Sopa de Tomate:
- 1 cucharada de aceite de oliva
- 1 cebolla, picada
- 2 dientes de ajo, picados
- 1 lata (400 g) de tomates triturados (sin sal añadida)
- 2 tazas de caldo vegetal
- 1 cucharadita de azúcar
- 1 cucharadita de albahaca seca
- Sal y pimienta al gusto
- 1/2 taza de leche de almendra (o cualquier leche vegetal de tu elección)
- 2 cucharadas de levadura nutricional (opcional, para dar un sabor a queso)
- 2 cucharadas de almidón de maíz disueltas en 2 cucharadas de agua (para espesar la sopa)

Ingredientes para Grilled Cheese:
- Pan sin gluten (asegúrate de que sea vegano y sin gluten si es necesario)
- Queso vegano (asegúrate de que sea vegano y sin gluten si es necesario)
- Aceite de coco o margarina vegana (para asar a la parrilla)

Instrucciones:

Para la Sopa de Tomate:

1. En una cacerola grande, calienta el aceite de oliva a fuego medio. Agrega la cebolla y el ajo picados, y saltea hasta que estén dorados.

2. Agrega los tomates triturados, el caldo vegetal, el azúcar y la albahaca seca a la cacerola. Lleva la mezcla a ebullición, luego reduce el fuego y cocina a fuego lento durante unos 15-20 minutos.

3. Usa una licuadora de inmersión o una licuadora de alta potencia para mezclar la sopa hasta que quede suave y homogénea.

4. Vuelve a poner la sopa en la cacerola y caliéntala a fuego medio. Agrega la leche de almendra y la levadura nutricional (si la estás usando). Mezcla bien.

5. Agrega la mezcla de almidón de maíz disuelta en agua para espesar la sopa. Cocina durante unos minutos hasta que la sopa se vuelva más espesa. Añade sal y pimienta al gusto.

Para Grilled Cheese:

1. Coloca el queso vegano entre dos rebanadas de pan.

2. Calienta una sartén grande a fuego medio y derrite un poco de aceite de coco o margarina vegana en ella.

3. Coloca el sándwich de queso en la sartén caliente y cocina hasta que el pan esté dorado y el queso se derrita.

4. Gira el sándwich y cocina el otro lado hasta que esté dorado y el queso esté completamente derretido.

Consejos de Cocina:

- Puedes personalizar la sopa agregando hierbas frescas como albahaca o perejil picado antes de servir.

Consejos para Niños:

- Los niños pueden ayudar a preparar el sándwich de Grilled Cheese, pero asegúrate de supervisar el uso de la sartén caliente.

Contenido Nutricional (por porción de sopa, aproximado):

- Calorías: Aproximadamente 150-200 kcal

- Proteínas: Aproximadamente 2-3 g

- Fibra: Aproximadamente 3-4 g

- Grasa: Aproximadamente 7-8 g

- Carbohidratos: Aproximadamente 20-25 g

Esta Sopa de Tomate Vegana con Grilled Cheese es una deliciosa y reconfortante comida. La sopa está llena de sabores de tomate y la versión de Grilled Cheese vegana le da un toque especial. Además, es una opción sin gluten para aquellos con restricciones dietéticas. ¡Esperamos que disfrutes de esta receta!

Papas Fritas al Horno con Dip de Guisantes

Ingredientes para las Papas Fritas:
- 4 papas medianas, peladas y cortadas en tiras delgadas
- 2 cucharadas de aceite de oliva
- Sal y pimienta al gusto
- 1/2 cucharadita de paprika (opcional, para dar sabor)

Ingredientes para el Dip de Guisantes:
- 1 taza de guisantes (pueden ser frescos o congelados, cocidos y escurridos)
- 1 diente de ajo, picado
- 2 cucharadas de jugo de limón
- 2 cucharadas de tahini (pasta de sésamo)
- 2 cucharadas de aceite de oliva
- Sal y pimienta al gusto
- Agua (para ajustar la consistencia)

Instrucciones:
Para las Papas Fritas:

1. Precalienta el horno a 220°C (425°F) y forra una bandeja para hornear con papel pergamino.

2. En un tazón grande, mezcla las tiras de papa con el aceite de oliva, sal, pimienta y paprika (si la estás usando). Asegúrate de que las papas estén bien cubiertas.

3. Coloca las tiras de papa en la bandeja para hornear en una sola capa, asegurándote de que no estén amontonadas.

4. Hornea las papas en el horno precalentado durante aproximadamente 25-30 minutos, o hasta que estén doradas y crujientes. Puedes voltearlas a la mitad del tiempo de cocción para que se cocinen de manera uniforme.

5. Retira las papas del horno y déjalas enfriar ligeramente antes de servirlas.

Para el Dip de Guisantes:

1. En una licuadora o procesador de alimentos, combina los guisantes cocidos, el ajo picado, el jugo de limón, el tahini, el aceite de oliva, sal y pimienta.

2. Mezcla todo a alta velocidad hasta obtener una mezcla suave. Si es necesario, agrega un poco de agua para ajustar la consistencia del dip hasta que quede cremoso y fácil de sumergir.

3. Prueba y ajusta el sazón según tu preferencia.

Consejos de Cocina:

- Puedes personalizar las papas fritas agregando tus condimentos favoritos, como ajo en polvo, pimentón, o incluso queso vegano rallado después de hornearlas.

Contenido Nutricional (por porción, aproximado):

- Calorías: Aproximadamente 150-200 kcal (sin incluir el dip)

- Proteínas: Aproximadamente 3-4 g

- Fibra: Aproximadamente 4-5 g

- Grasa: Aproximadamente 6-7 g

- Carbohidratos: Aproximadamente 20-25 g

Estas Papas Fritas al Horno con Dip de Guisantes son una opción más saludable que las papas fritas tradicionales, ya que están horneadas en lugar de freídas. El dip de guisantes agrega un toque refrescante y sabroso a este aperitivo. ¡Esperamos que disfrutes de esta deliciosa receta!

Tostadas Francesas Veganas (Sin Huevos ni Lácteos)

Ingredientes:
- 4 rebanadas de pan (asegúrate de que sea vegano y sin lácteos)
- 1 taza de leche de almendra (o cualquier leche vegetal de tu elección)
- 2 cucharadas de harina de garbanzo
- 1 cucharada de azúcar
- 1 cucharadita de extracto de vainilla
- 1/2 cucharadita de canela en polvo
- Pizca de sal
- Aceite de coco o margarina vegana (para engrasar la sartén)

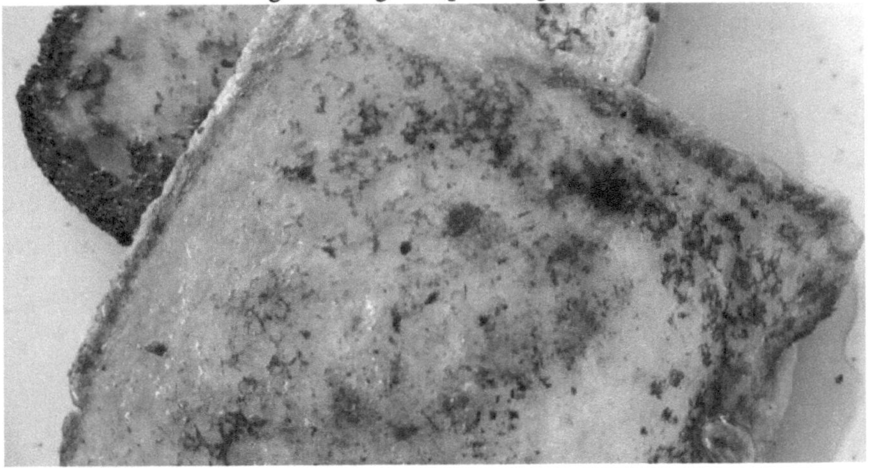

Instrucciones:

1. En un tazón, mezcla la leche de almendra, la harina de garbanzo, el azúcar, el extracto de vainilla, la canela y una pizca de sal. Bate bien hasta que todos los ingredientes estén completamente incorporados.

2. Calienta una sartén grande a fuego medio y añade un poco de aceite de coco o margarina vegana para engrasarla.

3. Sumerge cada rebanada de pan en la mezcla líquida que preparaste, asegurándote de que estén bien cubiertas, pero no las empapes demasiado.

4. Cocina las rebanadas de pan en la sartén caliente durante unos 2-3 minutos por cada lado, o hasta que estén doradas y crujientes.

5. Retira las tostadas francesas de la sartén y colócalas en un plato. Puedes espolvorear un poco más de azúcar y canela por encima si lo deseas.

Consejos de Cocina:

- Añade tus ingredientes favoritos como frutas frescas, sirope de arce, o azúcar en polvo como cobertura para un toque extra de sabor.

Contenido Nutricional (por porción, aproximado):

- Calorías: Aproximadamente 150-200 kcal (sin coberturas)

- Proteínas: Aproximadamente 4-5 g

- Fibra: Aproximadamente 2-3 g

- Grasa: Aproximadamente 5-6 g

- Carbohidratos: Aproximadamente 25-30 g

Estas Tostadas Francesas Veganas son una opción deliciosa y libre de ingredientes de origen animal. Son ideales para un desayuno o brunch vegano y no contienen huevos ni lácteos. ¡Esperamos que disfrutes de esta receta saludable y sabrosa!

Hot Dogs Veganos con Salsa de Mostaza y Ketchup

Ingredientes:

- 4 salchichas veganas (asegúrate de que sean veganas y sin ingredientes de origen animal)
- 4 panecillos de hot dog (verifica que sean veganos)
- 2 cucharadas de mostaza vegana
- 2 cucharadas de ketchup vegano
- 1 cebolla roja, picada en aros finos
- 1/4 de taza de pepinillos en rodajas
- 1/4 de taza de repollo rallado
- 1/4 de taza de cebolla verde picada (opcional)
- Aceite vegetal (para asar las salchichas)
- Sal y pimienta al gusto

Instrucciones:

1. Precalienta una parrilla o sartén antiadherente a fuego medio-alto.

2. Mientras se calienta la parrilla, puedes calentar los panecillos de hot dog en el horno o tostadora hasta que estén dorados.

3. Asa las salchichas veganas en la parrilla o sartén durante aproximadamente 5-7 minutos, girándolas ocasionalmente, hasta que estén bien calientes y tengan marcas de parrilla.

4. Mientras se cocinan las salchichas, prepara tus ingredientes para los hot dogs. Puedes cortar las cebollas, pepinillos, repollo y cebolla verde si no lo has hecho previamente.

5. Una vez que las salchichas estén listas, colócalas en los panecillos de hot dog.

6. Agrega mostaza, ketchup y tus ingredientes favoritos por encima de las salchichas.

7. Sazona con sal y pimienta al gusto.

8. Sirve tus hot dogs veganos con salsa de mostaza y ketchup junto con papas fritas, ensalada o cualquier acompañamiento que desees.

Consejos de Cocina:

- Puedes personalizar tus hot dogs veganos con otros condimentos y ingredientes como aguacate, jalapeños, o queso vegano.

Contenido Nutricional (por hot dog, aproximado):

- Calorías: Aproximadamente 250-300 kcal (sin los acompañamientos)

- Proteínas: Aproximadamente 10-12 g

- Fibra: Aproximadamente 3-4 g

- Grasa: Aproximadamente 10-12 g

- Carbohidratos: Aproximadamente 25-30 g

Estos Hot Dogs Veganos con Salsa de Mostaza y Ketchup son una alternativa deliciosa y libre de ingredientes de origen animal a los hot dogs tradicionales. Son fáciles de preparar y perfectos para una comida rápida y sabrosa. ¡Esperamos que disfrutes de esta receta!

Palitos de Zanahoria con Hummus

Ingredientes:

- 4-5 zanahorias grandes, peladas y cortadas en tiras alargadas (aproximadamente 10-12 cm de largo)
- 1 taza de garbanzos cocidos (pueden ser de lata o cocidos en casa)
- 2 cucharadas de tahini (pasta de sésamo)
- 2 cucharadas de jugo de limón
- 2 dientes de ajo, picados
- 2 cucharadas de aceite de oliva
- 1/2 cucharadita de comino en polvo
- Sal y pimienta al gusto
- Agua (para ajustar la consistencia)
- Pizca de pimentón ahumado (opcional, para decorar)

Instrucciones:

Para los Palitos de Zanahoria:

1. Lava, pela y corta las zanahorias en tiras largas, como si fueran palitos.

2. Puedes hervir las tiras de zanahoria en agua durante unos minutos hasta que estén tiernas pero aún crujientes, o simplemente servirlas crudas, según tu preferencia.

Para el Hummus:

1. En una licuadora o procesador de alimentos, combina los garbanzos cocidos, el tahini, el jugo de limón, el ajo picado, el aceite de oliva, el comino en polvo, sal y pimienta.

2. Mezcla todos los ingredientes a alta velocidad hasta obtener una mezcla suave. Si es necesario, agrega un poco de agua para ajustar la consistencia del hummus hasta que quede cremoso y fácil de mojar.

3. Prueba y ajusta el sazón según tu preferencia.

Para Servir:

1. Coloca el hummus en un tazón y espolvorea una pizca de pimentón ahumado por encima, si lo deseas.

2. Sirve los palitos de zanahoria junto con el hummus en un plato o bandeja.

Consejos de Cocina:

- Puedes personalizar el hummus agregando ingredientes como aceitunas negras, pimientos rojos asados, o cilantro para darle diferentes sabores.

Contenido Nutricional (por porción, aproximado):

- Calorías: Aproximadamente 150-200 kcal (sin el pimentón ahumado)

- Proteínas: Aproximadamente 4-5 g

- Fibra: Aproximadamente 5-6 g

- Grasa: Aproximadamente 7-8 g

- Carbohidratos: Aproximadamente 15-20 g

Estos Palitos de Zanahoria con Hummus son un aperitivo saludable y delicioso. Las zanahorias aportan un toque crujiente y fresco, mientras que el hummus es una crema suave y sabrosa. ¡Esperamos que disfrutes de esta receta como aperitivo o merienda!

Mini Tortitas de Patata Veganas

Ingredientes:
- 2 patatas medianas, peladas y ralladas
- 1 cebolla pequeña, picada finamente
- 1/4 de taza de harina de garbanzo (también conocida como harina de chana)
- 1/4 de taza de harina de trigo integral (asegúrate de que sea vegana)
- 1 cucharadita de polvo de hornear (levadura en polvo)
- 1/2 cucharadita de comino en polvo
- 1/2 cucharadita de cúrcuma en polvo
- Sal y pimienta al gusto
- Aceite vegetal para freír

Instrucciones:
1. En un tazón grande, mezcla las patatas ralladas y la cebolla picada.
2. En otro tazón, combina la harina de garbanzo, la harina de trigo integral, el polvo de hornear, el comino, la cúrcuma, la sal y la pimienta.

3. Agrega la mezcla de harina a las patatas y la cebolla y revuelve bien hasta que todos los ingredientes estén completamente combinados. Deberías obtener una masa espesa.

4. Calienta una sartén grande con aceite vegetal a fuego medio-alto.

5. Con una cuchara, coloca porciones pequeñas de la masa en la sartén caliente y presiónalas ligeramente para formar las mini tortitas. Cocina hasta que estén doradas y crujientes en ambos lados, lo que debería llevar unos 3-4 minutos por cada lado.

6. Retira las mini tortitas de la sartén y colócalas en un plato cubierto con papel de cocina para absorber el exceso de aceite.

7. Sirve caliente, acompañado de tu salsa o aderezo vegano favorito.

Consejos de Cocina:

- Puedes agregar ingredientes adicionales a la mezcla, como espinacas picadas, pimientos, o maíz, para variar el sabor y la textura.

Contenido Nutricional (por porción, aproximado):

- Calorías: Aproximadamente 80-100 kcal por cada 3-4 mini tortitas

- Proteínas: Aproximadamente 2-3 g

- Fibra: Aproximadamente 2-3 g

- Grasa: Aproximadamente 1-2 g

- Carbohidratos: Aproximadamente 15-20 g

Estas Mini Tortitas de Patata Veganas son un delicioso aperitivo o acompañamiento que puedes disfrutar en cualquier momento. Son crujientes por fuera y suaves por dentro, y su sabor es delicioso. ¡Esperamos que disfrutes de esta receta!

Sándwiches de Mantequilla de Maní y Plátano

Ingredientes:
- 4 rebanadas de pan integral (asegúrate de que sea vegano)
- 2 plátanos maduros, cortados en rodajas
- 4 cucharadas de mantequilla de maní (asegúrate de que sea vegana)
- 1 cucharadita de miel vegana (opcional)
- 1 cucharada de semillas de chía (opcional)
- 1 cucharada de almendras o nueces picadas (opcional)
- Pizca de canela (opcional)

Instrucciones:

1. Extiende una cucharada de mantequilla de maní en cada una de las cuatro rebanadas de pan.

2. Coloca las rodajas de plátano sobre dos de las rebanadas de pan, asegurándote de distribuirlas de manera uniforme.

3. Si deseas, puedes rociar una pequeña cantidad de miel vegana sobre el plátano para darle un toque dulce.

4. Espolvorea semillas de chía y almendras o nueces picadas sobre el plátano para añadir un toque de textura y nutrición.

5. Si te gusta, agrega una pizca de canela para dar sabor.

6. Cubre las rebanadas de pan con mantequilla de maní con las rebanadas de pan cubiertas de plátano para formar dos sándwiches.

7. Presiona suavemente los sándwiches y córtalos en la forma que prefieras, ya sea en triángulos, cuartos o simplemente en mitades.

Consejos de Cocina:

- Puedes personalizar estos sándwiches añadiendo ingredientes como bayas, pasas, chispas de chocolate vegano o coco rallado.

Contenido Nutricional (por sándwich, aproximado):

- Calorías: Aproximadamente 300-350 kcal (dependiendo de los ingredientes opcionales)

- Proteínas: Aproximadamente 7-8 g

- Fibra: Aproximadamente 7-8 g

- Grasa: Aproximadamente 12-15 g

- Carbohidratos: Aproximadamente 40-45 g

Estos Sándwiches de Mantequilla de Maní y Plátano son un delicioso bocadillo que combina la cremosidad de la mantequilla de maní con la dulzura del plátano. Son una opción nutritiva y sabrosa para un desayuno o merienda rápida. ¡Esperamos que disfrutes de esta receta!

Mini Burritos Veganos de Frijoles y Arroz

Ingredientes:
- 4 tortillas de trigo integral (asegúrate de que sean veganas)
- 1 taza de arroz integral cocido
- 1 taza de frijoles negros cocidos
- 1 taza de maíz dulce (puede ser de lata o congelado)
- 1 taza de tomate fresco, picado
- 1/2 taza de cebolla morada, picada
- 1/2 taza de aguacate, en cubos
- 1 cucharadita de comino en polvo
- 1 cucharadita de pimentón ahumado
- 1/2 cucharadita de ajo en polvo
- Sal y pimienta al gusto
- Salsa picante (opcional, al gusto)
- Hojas de lechuga (para acompañar, opcional)

Instrucciones:

1. En un tazón grande, mezcla el arroz integral cocido, los frijoles negros cocidos, el maíz dulce, el tomate picado, la cebolla morada picada, el aguacate en cubos, el comino en polvo, el pimentón ahumado, el ajo en polvo, la sal y la pimienta. Puedes añadir salsa picante si deseas un toque de picante.

2. Calienta las tortillas de trigo integral en una sartén caliente o en el microondas durante unos segundos para que sean más flexibles.

3. Coloca una porción de la mezcla de arroz y frijoles en el centro de cada tortilla.

4. Dobla los extremos de la tortilla hacia adentro y luego enróllala desde el lado inferior, asegurándote de que los ingredientes estén bien envueltos.

5. Puedes servir los mini burritos así o calentarlos en una sartén durante unos minutos para dorar ligeramente el exterior.

6. Opcionalmente, sirve con hojas de lechuga como acompañamiento.

Consejos de Cocina:

- Puedes personalizar tus mini burritos añadiendo ingredientes como aguacate, pimientos, cilantro o jalapeños para darles diferentes sabores y texturas.

Contenido Nutricional (por mini burrito, aproximado):

- Calorías: Aproximadamente 200-250 kcal (dependiendo de los ingredientes y el tamaño)

- Proteínas: Aproximadamente 6-8 g

- Fibra: Aproximadamente 5-7 g

- Grasa: Aproximadamente 5-7 g

- Carbohidratos: Aproximadamente 30-35 g

Estos Mini Burritos Veganos de Frijoles y Arroz son una opción deliciosa y versátil para un almuerzo, cena o refrigerio. Son fáciles de preparar y se pueden personalizar según tus preferencias. ¡Esperamos que disfrutes de esta receta!

Nuggets de Tofu Crujientes

Ingredientes:

- 1 bloque de tofu firme (14 oz o 400 g), bien escurrido y cortado en trozos pequeños
- 1 taza de pan rallado (asegúrate de que sea vegano)
- 1/2 taza de harina de trigo (puede ser harina sin gluten si lo prefieres)
- 1 cucharadita de ajo en polvo
- 1 cucharadita de cebolla en polvo
- 1 cucharadita de pimentón ahumado
- Sal y pimienta al gusto
- 1 taza de leche vegetal (como leche de almendra o soja)
- Aceite vegetal para freír

Instrucciones:

1. Prepara un plato con la harina de trigo y otro con la leche vegetal.
2. En un tercer plato, mezcla el pan rallado con el ajo en polvo, la cebolla en polvo, el pimentón ahumado, la sal y la pimienta.

3. Pasa cada trozo de tofu por la harina de trigo para cubrirlo, luego sumérgelo en la leche vegetal y, finalmente, revuélvelo en la mezcla de pan rallado para que quede bien cubierto.

4. Calienta suficiente aceite en una sartén grande a fuego medio-alto.

5. Cuando el aceite esté caliente, coloca los nuggets de tofu en la sartén y fríelos hasta que estén dorados y crujientes en todos los lados, lo que debería llevar unos 3-4 minutos por lado.

6. Retira los nuggets de tofu y colócalos en un plato forrado con papel de cocina para eliminar el exceso de aceite.

7. Sirve caliente, acompañado de tus salsas o aderezos veganos favoritos.

Consejos de Cocina:

- Puedes personalizar los nuggets agregando especias o hierbas adicionales a la mezcla de pan rallado, como orégano, tomillo, o pimienta de cayena.

Contenido Nutricional (por porción, aproximado):

- Calorías: Aproximadamente 150-200 kcal por 3-4 nuggets

- Proteínas: Aproximadamente 10-12 g

- Fibra: Aproximadamente 2-3 g

- Grasa: Aproximadamente 6-8 g

- Carbohidratos: Aproximadamente 15-20 g

Estos Nuggets de Tofu Crujientes son una deliciosa alternativa vegana a los nuggets de pollo convencionales. Son crujientes por fuera y suaves por dentro, y puedes disfrutarlos con tus salsas favoritas. ¡Esperamos que disfrutes de esta receta!

Ensalada de Frutas con Salsa de Chocolate Vegano

Ingredientes:
  Para la ensalada de frutas:
  - 2 tazas de fresas, lavadas y cortadas en rodajas
  - 2 plátanos maduros, cortados en rodajas
  - 1 taza de uvas sin semillas, cortadas por la mitad
  - 1 naranja, pelada y cortada en gajos
  - 1 manzana, cortada en cubos
  - 1 taza de kiwis, pelados y cortados en rodajas
  - 1 taza de melón, cortado en bolas o cubos
  - 1 taza de piña, cortada en trozos
  - 1/2 taza de arándanos (opcional)
  Para la salsa de chocolate vegano:
  - 1/4 taza de cacao en polvo sin azúcar
  - 1/4 taza de jarabe de arce o agave
  - 2 cucharadas de leche de almendra (u otra leche vegetal)
  - 1/2 cucharadita de extracto de vainilla

Instrucciones:

1. En un tazón grande, combina todas las frutas cortadas para hacer la ensalada de frutas. Si lo deseas, agrega los arándanos.

2. En un tazón aparte, mezcla el cacao en polvo, el jarabe de arce, la leche de almendra y el extracto de vainilla para hacer la salsa de chocolate vegano. Ajusta la consistencia agregando más leche si es necesario.

3. Vierte la salsa de chocolate sobre la ensalada de frutas y mezcla suavemente para cubrir todas las frutas con la salsa.

4. Sirve la ensalada de frutas con salsa de chocolate de inmediato. Puedes refrigerar cualquier sobrante, pero ten en cuenta que las frutas frescas tienden a ablandarse después de un tiempo.

Consejos de Cocina:

- Puedes personalizar tu ensalada de frutas usando tus frutas favoritas o las que estén de temporada.

Contenido Nutricional (por porción, aproximado):

- Calorías: Aproximadamente 150-200 kcal

- Proteínas: Aproximadamente 2-3 g

- Fibra: Aproximadamente 5-6 g

- Grasa: Aproximadamente 1-2 g

- Carbohidratos: Aproximadamente 35-45 g

Esta Ensalada de Frutas con Salsa de Chocolate Vegano es una opción refrescante y deliciosa para un postre o refrigerio. La salsa de chocolate vegano le da un toque especial y satisfará tus antojos de dulces de manera saludable. ¡Esperamos que disfrutes de esta receta!

Espaguetis de Calabacín con Albóndigas Veganas

Ingredientes:
   Para los espaguetis de calabacín:
   - 3-4 calabacines medianos
   - 1 cucharada de aceite de oliva
   - Sal y pimienta al gusto
   Para las albóndigas veganas:
   - 1 lata (15 oz o 425 g) de garbanzos cocidos, escurridos y enjuagados
   - 1/2 taza de avena (asegúrate de que sea sin gluten si es necesario)
   - 1/4 de cebolla picada
   - 2 dientes de ajo picados
   - 1 cucharadita de comino en polvo
   - 1 cucharadita de pimentón ahumado
   - 1/2 cucharadita de orégano seco
   - Sal y pimienta al gusto
   - 1 cucharada de salsa de soja (asegúrate de que sea sin gluten si es necesario)
   - Aceite de cocina para freír
   Para la salsa de tomate:
   - 1 lata (14 oz o 400 g) de tomates triturados
   - 2 dientes de ajo picados
   - 1 cucharadita de albahaca seca
   - 1 cucharadita de orégano seco
   - Sal y pimienta al gusto

Instrucciones:

Para los espaguetis de calabacín:

1. Lava los calabacines y usa un rallador de espaguetis o un espiralizador para crear "espaguetis" de calabacín.

2. Calienta el aceite de oliva en una sartén grande y saltea los espaguetis de calabacín durante unos 3-4 minutos, o hasta que estén tiernos. Añade sal y pimienta al gusto.

Para las albóndigas veganas:

1. Enjuaga los garbanzos y colócalos en un procesador de alimentos junto con la avena, la cebolla picada, el ajo picado, el comino en polvo, el pimentón ahumado, el orégano seco, la sal, la pimienta y la salsa de soja.

2. Procesa hasta obtener una mezcla homogénea. Si la mezcla está demasiado húmeda, puedes agregar un poco más de avena.

3. Forma pequeñas albóndigas con la mezcla y colócalas en una bandeja.

4. Calienta un poco de aceite en una sartén y fríe las albóndigas hasta que estén doradas por todos los lados.

Para la salsa de tomate:

1. En una sartén, saltea el ajo picado en un poco de aceite hasta que esté fragante.

2. Agrega los tomates triturados, la albahaca, el orégano, la sal y la pimienta. Cocina a fuego lento durante unos 10-15 minutos para que la salsa se espese.

Para servir:

1. Coloca los espaguetis de calabacín en un plato, agrega las albóndigas veganas y vierte la salsa de tomate por encima.

2. Opcionalmente, espolvorea con un poco de levadura nutricional o queso vegano.

Consejos de Cocina:

- Puedes agregar tus hierbas y especias favoritas a las albóndigas veganas para darles más sabor.

Contenido Nutricional (por porción, aproximado):

- Calorías: Aproximadamente 250-300 kcal

- Proteínas: Aproximadamente 10-12 g

- Fibra: Aproximadamente 6-8 g

- Grasa: Aproximadamente 6-8 g

- Carbohidratos: Aproximadamente 40-45 g

Este plato de Espaguetis de Calabacín con Albóndigas Veganas es una opción saludable y deliciosa que te permite disfrutar de los sabores de la pasta sin gluten y las albóndigas veganas. ¡Esperamos que disfrutes de esta receta!

Panecillos de Plátano Veganos

Ingredientes:

- 3 plátanos maduros, machacados
- 1/4 de taza de aceite vegetal
- 1/4 de taza de azúcar moreno
- 1/4 de taza de azúcar granulada
- 2 tazas de harina (asegúrate de que sea harina sin gluten si es necesario)
- 1 cucharadita de bicarbonato de sodio
- 1 cucharadita de polvo de hornear (levadura en polvo)
- 1/2 cucharadita de sal
- 1/2 cucharadita de canela en polvo
- 1/4 de cucharadita de nuez moscada
- 1/4 de taza de leche de almendras (u otra leche vegetal)
- 1 cucharadita de extracto de vainilla
- 1/2 taza de nueces picadas (opcional)

Instrucciones:

1. Precalienta tu horno a 180°C (350°F) y coloca papel pergamino en un molde para muffins.

2. En un tazón grande, combina los plátanos machacados, el aceite vegetal, el azúcar moreno y el azúcar granulada. Mezcla bien.

3. En otro tazón, tamiza la harina, el bicarbonato de sodio, el polvo de hornear, la sal, la canela y la nuez moscada.

4. Agrega la mezcla de ingredientes secos a la mezcla de ingredientes húmedos y revuelve hasta que estén combinados. No mezcles en exceso; solo lo suficiente para que la harina se integre.

5. Agrega la leche de almendras y el extracto de vainilla, y revuelve hasta obtener una masa homogénea.

6. Si lo deseas, agrega las nueces picadas y mezcla.

7. Llena cada molde para muffins con la masa hasta aproximadamente 2/3 de su capacidad.

8. Hornea en el horno precalentado durante 20-25 minutos o hasta que los panecillos estén dorados y un palillo insertado en el centro salga limpio.

9. Deja enfriar en el molde durante unos minutos y luego transfiere los panecillos a una rejilla para que se enfríen por completo.

Consejos de Cocina:

- Puedes personalizar los panecillos agregando chispas de chocolate vegano o pasas en lugar de nueces si lo prefieres.

Contenido Nutricional (por panecillo, aproximado):

- Calorías: Aproximadamente 180-220 kcal

- Proteínas: Aproximadamente 2-3 g

- Fibra: Aproximadamente 2-3 g

- Grasa: Aproximadamente 8-10 g

- Carbohidratos: Aproximadamente 28-32 g

Estos deliciosos Panecillos de Plátano Veganos son una opción perfecta para aprovechar esos plátanos maduros. Son ideales para el desayuno o un refrigerio. ¡Esperamos que disfrutes de esta receta!

Mini Empanadas Veganas de Espinacas

Ingredientes:

Para la masa:

- 2 tazas de harina de trigo (asegúrate de que sea harina sin gluten si es necesario)
- 1/2 taza de aceite vegetal
- 1/2 taza de agua fría
- 1/2 cucharadita de sal

Para el relleno:

- 2 tazas de espinacas frescas, picadas
- 1 cebolla pequeña, picada
- 2 dientes de ajo, picados
- 1 cucharada de aceite de oliva
- 1/2 taza de tofu firme, desmenuzado
- 1/4 de taza de leche de almendras (u otra leche vegetal)
- Sal y pimienta al gusto
- 1/4 de taza de levadura nutricional (opcional)
- 1 cucharadita de comino en polvo
- 1/2 cucharadita de cúrcuma en polvo (opcional, para dar color)

Instrucciones:

Para la masa:

1. En un tazón grande, mezcla la harina y la sal. Agrega el aceite vegetal y mezcla hasta que la mezcla tenga una textura arenosa.

2. Agrega el agua fría y mezcla hasta que la masa se forme. Puedes necesitar un poco más o menos de agua, así que agrégala gradualmente.

3. Divide la masa en pequeñas porciones y forma bolitas del tamaño de una nuez.

4. Estira cada bolita en un círculo delgado para formar la base de las empanadas.

Para el relleno:

1. En una sartén grande, calienta el aceite de oliva a fuego medio. Agrega la cebolla y el ajo, y saltea hasta que estén dorados.

2. Agrega las espinacas picadas y saltea hasta que se marchiten.

3. Agrega el tofu desmenuzado, la leche de almendras, la sal, la pimienta, la levadura nutricional, el comino en polvo y la cúrcuma (si la usas). Cocina durante unos minutos hasta que todo esté bien combinado y caliente.

Para armar las empanadas:

1. Coloca una cucharada del relleno en el centro de cada círculo de masa.

2. Doble el círculo por la mitad para cubrir el relleno y forma una empanada. Sella los bordes apretando con un tenedor.

3. Coloca las empanadas en una bandeja para hornear con papel pergamino.

4. Hornea en un horno precalentado a 180°C (350°F) durante aproximadamente 20-25 minutos o hasta que estén doradas.

Consejos de Cocina:

- Puedes personalizar el relleno de las empanadas con ingredientes adicionales, como aceitunas picadas o pimiento rojo.

Contenido Nutricional (por empanada, aproximado):

- Calorías: Aproximadamente 120-150 kcal

- Proteínas: Aproximadamente 3-4 g

- Fibra: Aproximadamente 2-3 g

- Grasa: Aproximadamente 6-7 g
- Carbohidratos: Aproximadamente 12-15 g

Estas Mini Empanadas Veganas de Espinacas son ideales como aperitivo o bocado. Son una opción deliciosa y saludable para satisfacer tu apetito. ¡Esperamos que disfrutes de esta receta!

Rollitos de Sushi Veganos

Ingredientes:

Para el arroz de sushi:

- 1 taza de arroz de sushi
- 2 tazas de agua
- 1/4 de taza de vinagre de arroz
- 2 cucharadas de azúcar
- 1/2 cucharadita de sal

Para los rollitos:

- 1 hoja de alga nori
- 1/2 aguacate, cortado en tiras
- 1/2 pepino, cortado en tiras
- 1/2 zanahoria, cortada en tiras finas
- 1/4 de aguacate, cortado en tiras
- Salsa de soja (asegúrate de que sea sin gluten si es necesario)
- Wasabi (opcional)
- Jengibre encurtido (opcional)

Instrucciones:

Para el arroz de sushi:

1. Lava el arroz de sushi en un colador bajo agua fría hasta que el agua salga clara. Luego, cuélalo y déjalo escurrir durante unos 30 minutos.

2. Cocina el arroz de acuerdo con las instrucciones del paquete. Mientras se cocina, en un recipiente pequeño, combina el vinagre de arroz, el azúcar y la sal. Caliéntalo ligeramente para que el azúcar y la sal se disuelvan.

3. Una vez que el arroz esté cocido y aún esté caliente, vierte la mezcla de vinagre sobre él y mezcla suavemente para que el arroz se impregne bien con el aderezo.

Para armar los rollitos:

1. Coloca una esterilla de bambú sobre una superficie plana y cúbrelo con una lámina de plástico transparente. Coloca una hoja de alga nori sobre la esterilla con el lado rugoso hacia arriba.

2. Humedece tus manos con agua para que el arroz no se pegue. Extiende una fina capa de arroz sobre el alga nori, dejando un borde libre de aproximadamente 1 cm en la parte superior.

3. Coloca las tiras de aguacate, pepino y zanahoria en el centro del arroz.

4. Usando la esterilla, comienza a enrollar el alga nori con los ingredientes. Aplica una ligera presión mientras enrollas para que el sushi quede compacto.

5. Con un cuchillo afilado y ligeramente húmedo, corta el rollo de sushi en rodajas.

6. Sirve los rollitos de sushi con salsa de soja, wasabi y jengibre encurtido.

Consejos de Cocina:

- Puedes personalizar los ingredientes de tus rollitos de sushi con aguacate, pepino, zanahoria, o cualquier otro vegetal que te guste.

Contenido Nutricional (por porción, aproximado):

- Calorías: Aproximadamente 150-200 kcal

- Proteínas: Aproximadamente 3-4 g

- Fibra: Aproximadamente 2-3 g

- Grasa: Aproximadamente 5-7 g
- Carbohidratos: Aproximadamente 30-35 g

Estos Rollitos de Sushi Veganos son una deliciosa opción para una comida ligera y saludable. ¡Esperamos que disfrutes haciendo y comiendo tus propios rollitos de sushi!

Galletas de Avena y Pasas Sin Gluten

Ingredientes:
- 1 taza de avena sin gluten
- 1/2 taza de harina de almendras (o harina de almendra)
- 1/4 de taza de harina de coco
- 1/4 de taza de azúcar de coco (o tu edulcorante preferido)
- 1/2 cucharadita de canela
- 1/4 de cucharadita de sal
- 1/2 taza de pasas (o frutas secas de tu elección)
- 1/4 de taza de aceite de coco derretido
- 1 huevo (o sustituto de huevo vegano)
- 1 cucharadita de extracto de vainilla

Instrucciones:

1. Precalienta tu horno a 180°C (350°F) y coloca papel pergamino en una bandeja para hornear.

2. En un tazón grande, combina la avena sin gluten, la harina de almendras, la harina de coco, el azúcar de coco, la canela y la sal.

3. Agrega las pasas (o frutas secas) a la mezcla de ingredientes secos y revuelve para distribuirlas uniformemente.

4. En un tazón aparte, mezcla el aceite de coco derretido, el huevo (o sustituto de huevo vegano) y el extracto de vainilla.

5. Vierte la mezcla húmeda en los ingredientes secos y mezcla hasta que todos los ingredientes estén bien combinados.

6. Con una cuchara para helado o tus manos, forma pequeñas bolas de masa y colócalas en la bandeja para hornear preparada. Luego, aplasta cada galleta suavemente con la parte trasera de una cuchara.

7. Hornea en el horno precalentado durante aproximadamente 12-15 minutos o hasta que las galletas estén doradas en los bordes.

8. Deja enfriar en la bandeja durante unos minutos antes de transferirlas a una rejilla para que se enfríen por completo.

Consejos de Cocina:

- Puedes personalizar estas galletas añadiendo nueces picadas, chips de chocolate o cualquier otro ingrediente adicional que te guste.

Contenido Nutricional (por galleta, aproximado):

- Calorías: Aproximadamente 80-100 kcal

- Proteínas: Aproximadamente 2-3 g

- Fibra: Aproximadamente 1-2 g

- Grasa: Aproximadamente 6-8 g

- Carbohidratos: Aproximadamente 6-8 g

Estas Galletas de Avena y Pasas Sin Gluten son una deliciosa opción para un tentempié saludable. ¡Esperamos que disfrutes de esta receta!

Nuggets de Coliflor al Horno

Ingredientes:
- 1 cabeza de coliflor grande, cortada en floretes
- 1 taza de harina de almendra (o harina de trigo si no necesitas que sea sin gluten)
- 1 cucharadita de ajo en polvo
- 1 cucharadita de cebolla en polvo
- 1/2 cucharadita de pimentón
- 1/2 cucharadita de comino
- 1/2 cucharadita de sal
- 1/4 de cucharadita de pimienta negra
- 1 taza de leche vegetal (como leche de almendra o soja)
- 1 taza de pan rallado (asegúrate de que sea sin gluten si es necesario)
- Aceite en aerosol

Instrucciones:

1. Precalienta tu horno a 220°C (425°F) y forra una bandeja para hornear con papel pergamino.

2. En un tazón grande, mezcla la harina de almendra, el ajo en polvo, la cebolla en polvo, el pimentón, el comino, la sal y la pimienta.

3. Sumerge cada florete de coliflor en la mezcla de leche vegetal y luego pásalo por la mezcla de harina de almendra para que esté bien cubierto.

4. Luego, sumerge nuevamente cada florete en la leche vegetal y, finalmente, pásalo por el pan rallado.

5. Coloca los floretes de coliflor empanizados en la bandeja para hornear preparada.

6. Rocía los floretes con un poco de aceite en aerosol para que queden dorados.

7. Hornea en el horno precalentado durante unos 25-30 minutos o hasta que los nuggets de coliflor estén dorados y crujientes.

8. Sirve con tu salsa favorita, como salsa barbacoa vegana, ketchup o mostaza.

Consejos de Cocina:

- Puedes ajustar los condimentos y especias al gusto, ¡añade un poco de picante si te gustan los sabores audaces!

Contenido Nutricional (por porción, aproximado):

- Calorías: Aproximadamente 150-200 kcal

- Proteínas: Aproximadamente 5-6 g

- Fibra: Aproximadamente 4-5 g

- Grasa: Aproximadamente 8-10 g

- Carbohidratos: Aproximadamente 15-20 g

Estos Nuggets de Coliflor al Horno son una alternativa deliciosa y saludable a los nuggets de pollo tradicionales. ¡Esperamos que disfrutes de esta receta!

Batidos de Frutas y Espinacas

Ingredientes:

- 1 taza de espinacas frescas
- 1 taza de frutas congeladas (pueden ser fresas, mangos, piña, o tu elección)
- 1 banana madura
- 1 taza de leche vegetal (como leche de almendra o soja)
- 1 cucharada de miel o jarabe de arce (opcional)
- Hielo (opcional)
- Semillas de chía o semillas de lino (opcional, para más nutrientes)

Instrucciones:

1. Lava bien las espinacas y colócalas en la licuadora.

2. Agrega las frutas congeladas a la licuadora. Si no tienes frutas congeladas, puedes usar frutas frescas y agregar hielo para enfriar el batido.

3. Pela la banana y agrégala a la licuadora.

4. Vierte la leche vegetal en la licuadora.

5. Si prefieres un toque de dulzura extra, agrega una cucharada de miel o jarabe de arce.

6. Si deseas aumentar el contenido de fibra y nutrientes, añade unas cucharaditas de semillas de chía o lino.

7. Licua todos los ingredientes hasta obtener una mezcla suave y homogénea. Añade más leche si prefieres una consistencia más líquida o más hielo si deseas que esté más frío.

Consejos de Cocina:

- Puedes personalizar tu batido de frutas y espinacas con diferentes frutas según tus preferencias.

Contenido Nutricional (por porción, aproximado):

- Calorías: Aproximadamente 150-200 kcal

- Proteínas: Aproximadamente 3-5 g

- Fibra: Aproximadamente 4-6 g

- Grasa: Aproximadamente 2-4 g

- Carbohidratos: Aproximadamente 30-35 g

Estos batidos de frutas y espinacas son una forma deliciosa de obtener una dosis saludable de verduras y frutas en tu dieta. ¡Esperamos que disfrutes de esta receta!

Panqueques de Avena Sin Gluten con Jarabe de Arce

Ingredientes:
- 1 taza de harina de avena sin gluten
- 1 cucharada de azúcar (o edulcorante de tu elección)
- 1 cucharadita de polvo de hornear sin gluten
- 1/2 cucharadita de bicarbonato de sodio
- Una pizca de sal
- 1 taza de leche vegetal (como leche de almendra o soja)
- 1 huevo (o sustituto de huevo vegano)
- 1 cucharadita de extracto de vainilla
- Aceite o mantequilla vegana para engrasar la sartén

Instrucciones:

1. En un tazón grande, combina la harina de avena sin gluten, el azúcar, el polvo de hornear sin gluten, el bicarbonato de sodio y la sal.

2. En otro tazón, mezcla la leche vegetal, el huevo (o sustituto de huevo) y el extracto de vainilla.

3. Vierte la mezcla líquida en la mezcla de ingredientes secos y revuelve hasta que obtengas una masa suave.

4. Calienta una sartén antiadherente a fuego medio y engrásala ligeramente con aceite o mantequilla vegana.

5. Vierte un poco de masa en la sartén caliente para formar los panqueques. Cocina hasta que aparezcan burbujas en la superficie y luego gira el panqueque para cocinar el otro lado hasta que esté dorado.

6. Repite este proceso con el resto de la masa.

7. Sirve los panqueques de avena con jarabe de arce y tus frutas favoritas.

Consejos de Cocina:

- Si prefieres panqueques más finos, puedes agregar un poco más de leche vegetal a la masa.

- Añadir arándanos, plátano en rodajas o nueces picadas a la masa es una deliciosa forma de personalizar tus panqueques.

Contenido Nutricional (por porción, aproximado, excluyendo el jarabe de arce):

- Calorías: Aproximadamente 100-150 kcal

- Proteínas: Aproximadamente 4-6 g

- Fibra: Aproximadamente 2-3 g

- Grasa: Aproximadamente 2-4 g

- Carbohidratos: Aproximadamente 15-20 g

Estos Panqueques de Avena Sin Gluten son una opción deliciosa para un desayuno saludable y sin gluten. ¡Esperamos que disfrutes de esta receta!

Bolitas de Energía de Chocolate y Almendras

Ingredientes:

- 1 taza de almendras crudas
- 1 taza de dátiles, deshuesados
- 3 cucharadas de cacao en polvo sin azúcar
- 1 cucharadita de extracto de vainilla
- Una pizca de sal
- 1/4 de taza de chips de chocolate negro (asegúrate de que sean veganos si sigues una dieta vegana)
- 1/4 de taza de copos de avena
- 2 cucharadas de agua (si es necesario)

Instrucciones:

1. Coloca las almendras en un procesador de alimentos y pulsa hasta que estén trituradas en trozos pequeños.

2. Agrega los dátiles, el cacao en polvo, el extracto de vainilla y la sal al procesador de alimentos. Procesa hasta que los ingredientes estén bien combinados y la mezcla tenga una textura pegajosa.

3. Si la mezcla parece demasiado seca, agrega agua, una cucharada a la vez, hasta que obtengas la consistencia adecuada.

4. Transfiere la mezcla a un tazón y agrega los chips de chocolate negro y los copos de avena. Mezcla bien.

5. Con las manos ligeramente humedecidas, forma pequeñas bolitas con la mezcla y colócalas en una bandeja o plato. Deja que las bolitas se enfríen en el refrigerador durante al menos 30 minutos para que adquieran firmeza.

6. Una vez que estén listas, puedes guardar las bolitas de energía en un recipiente hermético en el refrigerador. ¡Son un refrigerio saludable y energético!

Consejos de Cocina:

- Puedes personalizar estas bolitas de energía añadiendo ingredientes como coco rallado, semillas de chía o nueces picadas.

Contenido Nutricional (por porción, aproximado):

- Calorías: Aproximadamente 80-100 kcal por bolita

- Proteínas: Aproximadamente 2-3 g por bolita

- Fibra: Aproximadamente 2-3 g por bolita

- Grasa: Aproximadamente 5-7 g por bolita

- Carbohidratos: Aproximadamente 6-8 g por bolita

Estas Bolitas de Energía de Chocolate y Almendras son un refrigerio delicioso y saludable, cargado de proteínas, fibra y nutrientes. ¡Esperamos que las disfrutes!

Mini Quesadillas Veganas de Verduras

Ingredientes:

- 4 tortillas de maíz o tortillas de trigo (asegúrate de que sean veganas)
- 1 taza de pimientos rojos, verdes y amarillos, cortados en tiras
- 1 taza de cebolla morada, cortada en tiras
- 1 taza de champiñones, rebanados
- 1 taza de espinacas frescas
- 1 taza de queso vegano rallado (elige tu favorito)
- Aceite de oliva para cocinar
- Sal y pimienta al gusto
- Guacamole y salsa de tomate para servir (opcional)

Instrucciones:

1. Calienta una sartén grande a fuego medio-alto y añade un poco de aceite de oliva.

2. Agrega las tiras de pimientos, cebolla y champiñones a la sartén. Saltea las verduras hasta que estén tiernas y ligeramente doradas, sazonando con sal y pimienta al gusto.

3. Mientras las verduras se cocinan, calienta las tortillas en una sartén aparte o en el horno para que estén listas para rellenar.

4. En cada tortilla, coloca una porción de espinacas frescas, seguida de una porción de las verduras salteadas y una generosa cantidad de queso vegano rallado.

5. Doble las tortillas por la mitad para crear mini quesadillas y presiona suavemente.

6. Regresa las quesadillas a la sartén caliente durante unos minutos por cada lado, hasta que el queso se derrita y las tortillas estén doradas y crujientes.

7. Sirve tus mini quesadillas veganas de verduras con guacamole y salsa de tomate, si lo deseas.

Consejos de Cocina:

- Puedes personalizar tus quesadillas añadiendo ingredientes como aguacate, cilantro o jalapeños.

Contenido Nutricional (por porción, aproximado):

- Calorías: Aproximadamente 150-200 kcal por mini quesadilla

- Proteínas: Aproximadamente 5-7 g por mini quesadilla

- Fibra: Aproximadamente 3-4 g por mini quesadilla

- Grasa: Aproximadamente 5-7 g por mini quesadilla

- Carbohidratos: Aproximadamente 20-25 g por mini quesadilla

Estas Mini Quesadillas Veganas de Verduras son una deliciosa y nutritiva opción para un almuerzo o cena. ¡Esperamos que las disfrutes!

Mini Tortitas de Brócoli y Zanahoria

Ingredientes:

- 2 tazas de brócoli, cortado en pequeños floretes
- 1 taza de zanahorias ralladas
- 1/2 taza de cebolla roja, picada finamente
- 1/4 de taza de harina de garbanzo (puedes sustituirla por harina de trigo si no necesitas una opción sin gluten)
- 1/4 de taza de pan rallado (asegúrate de que sea sin gluten si sigues una dieta sin gluten)
- 2 dientes de ajo, picados
- 1 cucharadita de comino en polvo
- 1/2 cucharadita de pimentón
- 2 cucharadas de aceite de oliva
- Sal y pimienta al gusto
- Aceite para freír (puedes usar aceite de coco o aceite vegetal)
- Salsa de yogur vegana o hummus para servir (opcional)

Instrucciones:

1. Cocina el brócoli al vapor durante unos minutos hasta que esté tierno pero aún crujiente. Luego, pica los floretes de brócoli en trozos pequeños.

2. En un bol grande, combina el brócoli picado, las zanahorias ralladas, la cebolla roja, la harina de garbanzo, el pan rallado, el ajo picado, el comino en polvo, el pimentón, el aceite de oliva, la sal y la pimienta. Mezcla bien todos los ingredientes hasta que se forme una masa uniforme.

3. Calienta suficiente aceite en una sartén grande a fuego medio-alto para freír las mini tortitas.

4. Toma porciones de la mezcla y forma pequeñas tortitas. Colócalas con cuidado en la sartén caliente y fríelas hasta que estén doradas y crujientes en ambos lados.

5. A medida que las tortitas se cocinen, colócalas en papel absorbente para eliminar el exceso de aceite.

6. Sirve las Mini Tortitas de Brócoli y Zanahoria con salsa de yogur vegana o hummus, si lo deseas.

Consejos de Cocina:

- Puedes ajustar las especias y condimentos a tu gusto. También puedes agregar hierbas frescas, como cilantro o perejil, para darles más sabor.

Contenido Nutricional (por porción, aproximado):

- Calorías: Aproximadamente 80-100 kcal por porción (varía según el tamaño de las tortitas)

- Proteínas: Aproximadamente 3-4 g por porción

- Fibra: Aproximadamente 2-3 g por porción

- Grasa: Aproximadamente 4-6 g por porción

- Carbohidratos: Aproximadamente 10-12 g por porción

Estas Mini Tortitas de Brócoli y Zanahoria son una opción deliciosa y saludable para un bocado o aperitivo. ¡Esperamos que las disfrutes!

Barritas de Cereal Veganas Sin Gluten

Ingredientes:

- 2 tazas de copos de avena sin gluten
- 1 taza de nueces o almendras picadas
- 1 taza de frutas secas (como pasas, arándanos o dátiles), picadas
- 1/2 taza de miel de maple o sirope de agave (para una opción completamente vegana)
- 1/4 de taza de mantequilla de nueces (como mantequilla de almendra o cacahuate)
- 1 cucharadita de extracto de vainilla
- 1/2 cucharadita de canela en polvo
- Una pizca de sal

Instrucciones:

1. En una sartén grande, tosta los copos de avena a fuego medio hasta que estén ligeramente dorados y fragantes. Revuelve constantemente para evitar que se quemen. Luego, retíralos del fuego y déjalos enfriar.

2. En un tazón grande, combina los copos de avena tostados, las nueces o almendras picadas y las frutas secas.

3. En una cacerola pequeña a fuego medio, calienta la miel de maple (o el sirope de agave), la mantequilla de nueces, el extracto de vainilla, la canela y una pizca de sal. Remueve hasta que la mezcla esté suave y bien combinada.

4. Vierte la mezcla líquida sobre los ingredientes secos en el tazón y mezcla todo hasta que esté bien incorporado.

5. Transfiere la mezcla a un molde cuadrado o rectangular forrado con papel pergamino. Presiona la mezcla firmemente en el molde para que quede compacta.

6. Deja enfriar en el refrigerador durante al menos 2 horas para que las barritas se endurezcan.

7. Una vez que las barritas estén firmes, sácalas del molde y córtalas en barritas del tamaño que desees.

8. Guarda las Barritas de Cereal Veganas Sin Gluten en un recipiente hermético en el refrigerador para mantener su frescura.

Consejos de Cocina:

- Puedes personalizar estas barritas añadiendo ingredientes como chispas de chocolate vegano, semillas de chía o coco rallado.

Contenido Nutricional (por porción, aproximado):

- Calorías: Aproximadamente 150-200 kcal por barrita

- Proteínas: Aproximadamente 4-5 g por barrita

- Fibra: Aproximadamente 3-4 g por barrita

- Grasa: Aproximadamente 8-10 g por barrita

- Carbohidratos: Aproximadamente 15-20 g por barrita

Estas Barritas de Cereal Veganas Sin Gluten son un refrigerio saludable y delicioso que puedes disfrutar en cualquier momento. ¡Esperamos que las encuentres deliciosas!

Mini Samosas Veganas de Patata

Ingredientes:
   Para el relleno:
   - 2 patatas medianas, peladas y cortadas en cubos pequeños
   - 1/2 taza de guisantes verdes (pueden ser congelados)
   - 1 cucharada de aceite de cocina
   - 1 cucharadita de comino en grano
   - 1 cucharadita de semillas de mostaza
   - 1 cucharadita de cúrcuma en polvo
   - 1 cucharadita de garam masala
   - 1/2 cucharadita de chile rojo en polvo (ajusta según tu nivel de picante deseado)
   - Sal al gusto
   - 1 cucharada de cilantro fresco picado
   Para la masa de samosa:
   - 1 taza de harina de trigo
   - 2 cucharadas de aceite de cocina
   - Agua tibia, la cantidad necesaria para hacer la masa
   - Una pizca de sal

Instrucciones:

Preparación del relleno:

1. Cocina las patatas en agua hirviendo hasta que estén tiernas. Escúrrelas y aplástalas ligeramente con un tenedor.

2. En una sartén grande, calienta el aceite a fuego medio. Agrega las semillas de mostaza y el comino en grano. Cuando comiencen a crujir, agrega los guisantes verdes y saltea durante unos minutos.

3. Agrega la cúrcuma, el garam masala, el chile rojo en polvo y sal. Revuelve bien.

4. Incorpora las patatas aplastadas y el cilantro picado. Cocina por unos minutos hasta que todos los ingredientes estén bien mezclados. Retira del fuego y deja enfriar.

Preparación de la masa de samosa:

1. En un tazón grande, mezcla la harina de trigo, el aceite y una pizca de sal. Agrega agua tibia gradualmente y amasa hasta obtener una masa suave y maleable. Cubre la masa con un paño húmedo y déjala reposar durante 30 minutos.

Montaje de las samosas:

1. Divide la masa en pequeñas bolas del tamaño de una nuez. Extiende cada bola en un círculo delgado con un rodillo.

2. Corta cada círculo en la mitad para formar dos semicírculos.

3. Toma un semicírculo de masa y forma un cono, sellando el borde con un poco de agua.

4. Rellena el cono con la mezcla de patata y guisantes.

5. Dobla el cono hacia arriba para sellar la samosa en forma de triángulo. Presiona los bordes para asegurarte de que estén bien sellados.

Fritura de las samosas:

1. Calienta aceite en una sartén a fuego medio. Cuando esté caliente, fría las samosas hasta que estén doradas y crujientes.

2. Retira las samosas con una espumadera y colócalas sobre papel de cocina para eliminar el exceso de aceite.

Consejos de Cocina:

- Puedes ajustar el nivel de picante añadiendo más o menos chile rojo en polvo.

Contenido Nutricional (por porción, aproximado):

- Calorías: Aproximadamente 100-120 kcal por samosa

- Proteínas: Aproximadamente 2-3 g por samosa

- Fibra: Aproximadamente 3-4 g por samosa

- Grasa: Aproximadamente 4-5 g por samosa

- Carbohidratos: Aproximadamente 15-18 g por samosa

Estas Mini Samosas Veganas de Patata son un delicioso aperitivo que puedes disfrutar en cualquier ocasión. ¡Esperamos que las disfrutes!

Helado de Plátano y Fresa (Sin Lácteos)

Ingredientes:

- 3 plátanos maduros, congelados y cortados en rodajas
- 1 taza de fresas frescas, lavadas y cortadas en trozos
- 1/4 de taza de leche de almendra (u otra leche vegetal de tu elección)
- 1 cucharadita de extracto de vainilla
- 2 cucharadas de jarabe de arce o sirope de agave (opcional, ajusta al gusto)

Instrucciones:

1. Congela las rodajas de plátano durante al menos 2 horas o hasta que estén completamente congeladas.

2. En una licuadora o procesador de alimentos, coloca los plátanos congelados y las fresas.

3. Agrega la leche de almendra, el extracto de vainilla y el jarabe de arce (si lo deseas).

4. Mezcla todo a alta velocidad hasta que la mezcla esté suave y cremosa. Puede ser necesario detener la licuadora o el procesador varias veces para raspar los lados y asegurarte de que todo esté bien mezclado.

5. Prueba el helado y ajusta la dulzura según tus preferencias agregando más jarabe de arce si es necesario.

6. Transfiere el helado a un recipiente hermético y colócalo en el congelador durante al menos 1 hora para que tome una textura más firme.

7. Sirve el Helado de Plátano y Fresa en conos o tazas, y decóralo con fresas frescas si lo deseas.

Consejos de Cocina:

- Puedes experimentar con otras frutas en lugar de las fresas, como arándanos, mango o frambuesas, para crear diferentes sabores de helado.

- Asegúrate de que las frutas estén congeladas antes de preparar el helado para lograr la textura deseada.

Contenido Nutricional (por porción, aproximado):

- Calorías: Aproximadamente 100-120 kcal por porción

- Proteínas: Aproximadamente 1-2 g por porción

- Fibra: Aproximadamente 3-4 g por porción

- Grasa: Aproximadamente 0.5-1 g por porción

- Carbohidratos: Aproximadamente 25-30 g por porción

Este Helado de Plátano y Fresa (Sin Lácteos) es una opción refrescante y saludable para satisfacer tu deseo de postre. ¡Esperamos que lo disfrutes!

Galletas de Chocolate Veganas con Chips de Chocolate

Ingredientes:
   - 1 taza de harina de trigo (o harina de almendra para una versión sin gluten)
   - 1/3 de taza de cacao en polvo sin azúcar
   - 1/2 cucharadita de bicarbonato de sodio
   - 1/4 de cucharadita de sal
   - 1/2 taza de azúcar moreno
   - 1/4 de taza de aceite de coco derretido (o aceite vegetal)
   - 1/4 de taza de leche de almendra (u otra leche vegetal)
   - 1 cucharadita de extracto de vainilla
   - 1/2 taza de chips de chocolate vegano (asegúrate de que no contengan lácteos)

Instrucciones:

1. Precalienta tu horno a 180°C (350°F) y forra una bandeja para hornear con papel pergamino.

2. En un tazón grande, mezcla la harina, el cacao en polvo, el bicarbonato de sodio y la sal.

3. En otro tazón, mezcla el azúcar moreno, el aceite de coco derretido, la leche de almendra y el extracto de vainilla.

4. Vierte la mezcla húmeda en la mezcla seca y revuelve hasta que se forme una masa.

5. Agrega los chips de chocolate vegano y mezcla hasta que estén distribuidos uniformemente en la masa.

6. Con una cuchara para helado o tus manos, forma pequeñas bolas de masa y colócalas en la bandeja para hornear preparada. Aplasta ligeramente cada bola con la parte trasera de un tenedor para darles forma de galleta.

7. Hornea las galletas en el horno precalentado durante 10-12 minutos o hasta que los bordes estén firmes.

8. Saca las galletas del horno y déjalas enfriar en la bandeja durante unos minutos antes de transferirlas a una rejilla para que se enfríen por completo.

Consejos de Cocina:

- Puedes ajustar la cantidad de chips de chocolate según tu preferencia. Agrega más si te encanta el chocolate.

- Si la masa parece demasiado pegajosa, puedes refrigerarla durante unos minutos antes de hacer las bolas de galleta.

Contenido Nutricional (por galleta, aproximado):

- Calorías: Aproximadamente 80-100 kcal por galleta

- Proteínas: Aproximadamente 1-2 g por galleta

- Fibra: Aproximadamente 1-2 g por galleta

- Grasa: Aproximadamente 4-6 g por galleta

- Carbohidratos: Aproximadamente 9-12 g por galleta

Estas Galletas de Chocolate Veganas con Chips de Chocolate son un placer para los amantes del chocolate y son ideales para cualquier ocasión. ¡Esperamos que las disfrutes!

En el transcurso de este libro, te hemos guiado a través de un viaje culinario lleno de sabores deliciosos y creatividad en la cocina. Hemos explorado recetas que son saludables, deliciosas y, lo más importante, adecuadas para niños con dietas sin gluten y veganas.

Cada receta ha sido diseñada con amor y cuidado, con ingredientes que son respetuosos con el medio ambiente y beneficiosos para la salud. Hemos tenido en cuenta los paladares más jóvenes y, al mismo tiempo, hemos mantenido la simplicidad en mente para que las recetas sean fáciles de preparar en casa.

Recordemos que la cocina es una forma de nutrir el cuerpo y el alma, y estas recetas demuestran que lo saludable y delicioso pueden ir de la mano. Alimenta a tus pequeños gourmets con amor, nutrición y la maravilla de explorar nuevos sabores.

Gracias por unirte a nosotros en este viaje culinario. Aquí tienes un recetario lleno de amor, sabor y diversión. ¡Esperamos que disfrutes preparando y compartiendo estas deliciosas recetas con tus pequeños gourmets!

¡Buen provecho y que siga la aventura culinaria!

Don't miss out!

Visit the website below and you can sign up to receive emails whenever BDM publishes a new book. There's no charge and no obligation.

https://books2read.com/r/B-A-UZKJ-JQLPC

BOOKS 2 READ

Connecting independent readers to independent writers.

Also by BDM

Recetas Veganas - Cocina vegana
Cocina vegana - 30 Recetas de postres venganos
30 Recetas Veganas Para Niños Gluten Free

Vegan Cookbook - Vegan recipes
Vegan Recipes Cookbook - 30 Vegan Desserts
30 Vegan Recipes for Kids Gluten Free

Standalone
Poemas al Universo: Abrazando el flujo universal
Poems To The Universe: Embracing The Universal Flow